Renate Ettl

Turnierreiten für Einsteiger

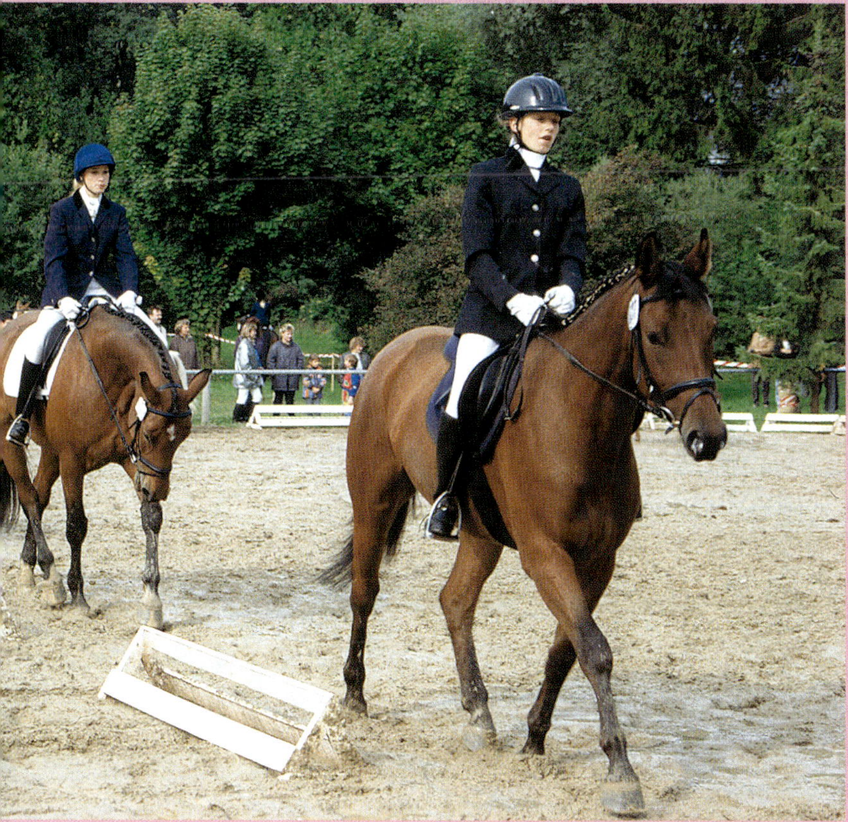

Turnierreiten für Einsteiger

Renate Ettl

BLV
Freizeit *REITEN*

Inhalt

Zum Thema

Turniere zu reiten macht Spaß, wenn Reiter und Pferd gut vorbereitet sind.

Turniererfolge sollte man nicht immer an Schleifen und Pokalen messen, sondern vielmehr an der gelungenen Teamarbeit von Reiter und Pferd.

Praxis-Wissen

Turniere reiten

Welche Reiterin oder welcher Reiter hat nicht schon einmal davon geträumt, Schleifen zu gewinnen und Turniererfolge zu erzielen? Dieser Traum kann Wirklichkeit werden, wenn man bereit ist, einen langen und mühsamen Weg zu gehen. Siege bei Turnieren müssen in der Regel hart erarbeitet werden, sie kosten viel Geld, Mühe und Zeit. Trotzdem kann dieser beschwerliche Weg viel Spaß machen, denn nur durch ein gesetztes Ziel sind die meisten Reiter erst so richtig motiviert, sich selbst und ihr Pferd sorgfältig ausbilden zu lassen.

Die Arbeit mit dem Partner Pferd kann schließlich durch Applaus, Schleifen, Pokale, Anerkennung und in höheren Klassen sogar durch Preisgelder belohnt werden.

Damit Sie bei Ihrem ersten Turnier erfolgreich sind, müssen Sie sich gut vorbereiten. Denn nur so ist garantiert, dass Sie weiterhin Spaß am Turnierreiten haben.

Der Lohn aller Trainingsmühe kann auf dem Turnier in Form von Schleifen und Pokalen geerntet werden.

Turnierarten

Vor dem ersten Turnierstart sollten Sie in die Überlegungen mit einbeziehen, auf welchen Turnieren Sie starten möchten. Die Facetten der Reiterei sind so vielfältig, dass eine Vielzahl unterschiedlicher Arten von Turnieren in ebenso vielen Disziplinen und Klassen den Durchblick nicht gerade erleichtern. Sicherlich ist es sinnvoll, sich zunächst den Turnierformen zu widmen, für dessen Reitweise man sich entschieden hat. Für diejenigen, die sich aber auch hier noch nicht festgelegt haben, gibt es genügend Wettbewerbe für Freizeitreiter, die nicht unbedingt eine bestimmte Reitweise zwingend vorschreiben.

Dressur- und Springprüfungen bilden den Kern der konventionellen Reitturniere.

Dressur- und Springturniere

Das Gros der Reitturniere im deutschsprachigen Raum nehmen nach wie vor die Englischturniere mit ihren konventionellen Dressur- und Springwettbewerben ein. Bei den Dressurwettbewerben in der englischen Reitweise kommt es insbesondere auf die Rittigkeit des Pferdes an. Dabei ist eine Dressuraufgabe in der Regel nach Ansage zu reiten. Die Form der Ausführung wird vom Richter mit einer Wertnote bedacht.

Zu unterscheiden sind »normale« Dressurprüfungen, Dressurreiterprüfungen und Dressurpferdeprüfungen. Im Unterschied zu normalen Dressurprüfungen werden bei der Dressurreiterprüfung der Sitz und die Einwirkung des Reiters auf das Pferd beurteilt. Außerdem wird die Korrektheit der Hufschlagfiguren und Lektionen bewertet.

Merke:

Die Wertigkeit bei Dressurreiterprüfungen liegt auf einem korrekten Sitz und einer feinen Hilfengebung des Reiters.

Bei den Dressurreiterprüfungen wird das Hauptaugenmerk auf Sitz und Hilfengebung des Reiters gerichtet.

Bei Dressurprüfungen wird die Bewertung des Pferdes einbezogen. In Dressurpferdeprüfungen wird ausschließlich das Pferd einer Beurteilung unterzogen. Dabei legt man besonderen Wert auf die Grundgangarten und Rittigkeit des Pferdes. Der Sitz des Reiters und dessen Hilfengebung spielen theoretisch keine Rolle. Doch ein schlecht gerittenes gutes Pferd kann nicht die Leistungen erbringen, zu denen es unter einem guten Reiter mit einfühlsamer und korrekter Hilfengebung fähig wäre.

In Springprüfungen gibt es eine Vielzahl unterschiedlicher Prüfungsformen. Zunächst kennt man die Standardspringprüfung, bei der einfach die Fehler addiert werden (fallende Stange = 4 Fehlerpunkte, Verweigern = 3 Fehlerpunkte, Sturz = 8 Fehlerpunkte; der dritte Ungehorsam und der zweite Sturz führen zum Ausschluss). Auch die Zeit ist ein Kriterium. Bei Überschreitung der erlaubten Zeit wird pro angefangene Sekunde ein viertel Strafpunkt addiert. Haben zwei Reiter den gleichen Punktestand, entscheidet die schnellere Zeit.

Besonders in den unteren Klassen beliebt – und darum auch für Einsteiger bestens geeignet – sind Stilspringprüfungen, bei denen vor allem der Sitz und die reiterlichen Einwirkungen in Augenschein genommen werden. Die Richter begutachten Sie sowohl zwischen den Hindernissen als auch über dem Sprung. Ihr Sitz sollte bereits gut ausbalanciert sein, wenn Sie in Stilspringprüfungen starten wollen. Neben dem leichten Sitz werden natürlich auch das Einsitzen vor den Sprüngen und das Nachgeben mit der Hand über den Sprüngen bewertet. Es ist außerdem auf ein gleichmäßiges Grundtempo auf sauberen Linien zwischen den Hindernissen zu achten.

Hindernisfehler werden mit 0,5 Punkten von der Stilnote abgezogen, ein Verweigern wird mit einem Punkt Abzug bestraft. Der dritte Ungehorsam sowie der zweite Sturz führen zum Ausschluss. Für Zeitüberschreitungen handelt man sich außerdem 0,1 Strafpunkte pro angefangene Sekunde ein.

Zu den Spezialspringprüfungen gehören neben dem Stilspringen auch Wettbewerbe wie Glücksspringen, Stafetten-, Zwei-Phasen-, Wahl-, Punkte- und Mannschaftsspringen. Es gibt noch weitere verschiedene Variationen von Springprüfungen, die näher in der LPO ab § 521 geregelt sind.

Beachte:

Bei Stilspringprüfungen wird der Reiter in Manier und Einwirkung bewertet, darum sind sie wertvolle Prüfungen für Turnieranfänger, um die reiterliche Leistung beurteilen zu können.

Die Springpferdeprüfung ist wie bei der Dressurpferdeprüfung auch ein Wettbewerb, bei dem die Eignung der Pferde begutachtet wird. Es handelt sich hier um eine Prüfung für junge Pferde. Der Reiter wird nicht bewertet. Die Richter beurteilen insbesondere die Rittigkeit des Pferdes und dessen Springmanier.

Westernreitturniere

Wenn Sie sich dem Westernreiten verschrieben haben, können Sie aus noch mehr Disziplinen auswählen, die Sie auf einem Turnier reiten können. Die Westernreitweise bietet sowohl für Freunde des ruhigen, exakten Reitens zahlreiche Disziplinen als auch für Leute, die etwas mehr Action haben wollen. Aufgrund der Vielfalt der Disziplinen sollen hier nur diejenigen Prüfungsformen vorgestellt werden, die für den Turniereinsteiger in Frage kommen. Auf die Beschreibung von Spezialklassen wie Rinderdisziplinen (Cutting, Working Cow-

Die Westernreiter können aus vielen verschiedenen Disziplinen auswählen.

horse oder Team Penning), aber auch Jungpferdeprüfungen sowie die sehr schweren Rittigkeitsprüfungen Western Riding (Galoppwechselprüfung) und Super Horse (Kombinationsprüfung aus mehreren Disziplinen) soll verzichtet werden.

Disziplinen, die sich für Einsteiger eignen, sind Pleasure, Horsemanship, Trail und manchmal auch Reining. Mit ihnen wollen wir uns etwas näher befassen.

Die Pleasure (EWU § 660 ff.) ist eine Gangartenprüfung, bei der die Pferde in allen drei Grundgangarten vorgestellt werden. Bewertet wird nur das Pferd in seinen Gangqualitäten und seiner Manier. Sitz und Hilfengebung des Reiters sind dabei nicht relevant. Allerdings kann ein Pferd seine Qualitäten nur so gut präsentieren, wie es vom Reiter vorgestellt wird. Deshalb hat der Reiter selbstverständlich einen gewissen Einfluss auf die Güte des Ritts. Geritten wird in der Gruppe nach Anweisung.

Die Horsemanship (EWU § 670 ff.) ist eine Prüfung, bei der nicht das Pferd, sondern lediglich der Reiter in Sitz und Hilfengebung beurteilt wird. Sie besteht aus zwei Prüfungsteilen, einer Einzelaufgabe, die möglichst exakt geritten werden muss, und einer Rail Work, die wie die Pleasure in der Gruppe abläuft und bei der das Pferd nochmals in allen drei Grundgangarten nach Anweisung geritten wird.

Die Disziplin Trail (EWU-Regelbuch ab § 640) ist auch auf Freizeitreiterturnieren eine sehr beliebte Prüfung. Es handelt sich um eine Prüfung mit Geschicklichkeitsaufgaben, bei der es auf ein besonders rittiges Pferd und feine Hilfengebung ankommt. Der Hindernisparcours kann sehr unterschiedliche Schwerpunkte haben. Je nach Leistungsklasse variiert der Trailparcours von leicht zu bewältigenden Hindernissen wie etwa das Überreiten einer Plane oder einer Brücke bis hin zu äußerst kniffligen Steuerungsaufgaben wie das rückwärtige

Durchreiten eines Stangenlabyrinths und Bewältigen von engen Gassen und Wendungen in den verschiedenen Gangarten. Im Westerntrail sind drei Hindernisse vorgeschrieben: Tor, ein Hindernis zum Rückwärtsrichten (zum Beispiel Stangen-L) und das Überreiten von vier Stangen (in allen möglichen Variationen). Weitere Hindernisse kann der Richter wahlweise einsetzen. Der Parcours muss aus mindestens sechs Hindernissen bestehen.

Die Königsdisziplin und seit Neuestem auch olympische Disziplin ist die Reining, eine Westerndressurprüfung (EWU-Regelbuch § 600 ff.). Die Reining wird ausschließlich im Galopp geritten und beinhaltet verschiedene teils spektakuläre Manöver, die möglichst exakt und harmonisch geritten werden sollen. Reiningmanöver sind beispielsweise Spin, Roll back, fliegende Galoppwechsel, Sliding Stops und Galoppzirkel in unterschiedlichen Tempi. Es gibt verschiedene Reiningpattern (Pattern = Aufgabe), die vom Richter ausgewählt werden und die der Reiter auswendig reiten muss.

Sehr beliebt ist die Westerndisziplin Trail, die sich auch für Einsteiger eignet.

Freizeitreitturniere

Die Wettbewerbsformen in Freizeitreiterturnieren unterliegen keinen Regelungen. Die Veranstalter können ihrer Fantasie in der Gestaltung von Prüfungen freien Lauf lassen. Herauskristallisiert haben sich dabei verschiedene Reiterspiele wie das beliebte Ringelstechen oder auch Geschicklichkeitsreiten über Hindernisse – ähnlich dem Trail der Westernreiter. Nicht selten findet man

! Beachte:

Die Westernreitweise bietet für jeden Geschmack unterschiedliche Disziplinen an.

Eine ausschließlich im Galopp gerittene Westerndressur ist die Reining.

auf diversen Freizeitreiterturnieren auch die unterschied-lichsten Rennspiele, die durch die Zeitmessung mit der Stoppuhr recht einfach zu bewerten sind. Das aus dem Westernreiten stammende Barrel Race (Tonnenrennen) oder Pole bending (Slalomrennen) wird unter anderem auch in abgewandelten Formen angeboten. Andere Spiele sind beispielsweise Eierrennen, Seilrennen, Ballon-Ste-chen, Wasserrennen, Sackhüpfen usw.

Findige Veranstalter bieten noch weitere interessante Wettbewerbe an wie das Verladen von Pferden, einen Schönheitswettbewerb (Pferdefrisuren), Führaufgaben, ein Quiz mit verschiedenen Fragen rund um das Pferd und andere Reiterwettbewerbe.

Besonders beliebt sind auch Streckenwettbewerbe im Ge-lände wie Orientierungs-, Wanderritte oder Pferderallyes. Bei den Formen von Freizeitreiterwettbewerben sind fast alle Zäumungen, Sättel und Reitweisen erlaubt. Dennoch

Freizeitreitturniere leben durch ihren Einfallsreichtum und sind für Ein-steiger besonders interessant, um Turnieratmosphäre zu schnuppern.

sollten Sie gewisse Regelungen beachten, die insbesondere der Sicherheit und einer gerechten Durchführung der Wettbewerbe dienen. Prüfen Sie deshalb vor Ihrer Nennung zu einem Freizeitreitturnier die Seriosität des Veranstalters. Achten Sie auf tierschutzgerechte und sicherheitsbedachte Regelungen. Aus Tierschutzgründen sollen beispielsweise mechanische Hackamores oder Hilfs-zügel in Verbindung mit Hebelarmgebissen nicht erlaubt sein. Scharfe Hebel-armzäumungen haben auf Freizeitturnieren eigentlich sowieso nichts verloren. Sind den Wettbewerben die Standard-Regelwerke LPO beziehungsweise EWU zugrunde gelegt, hat das Turnier schon eine gute Grundlage für eine faire Durchführung.

Andere Wettbewerbsformen

Die Facetten der Reiterei sind breit gefächert, so dass sich Vereine, Verbände und Gruppen für die unterschiedlichsten Sparten gebildet haben. Somit findet sicherlich jeder Reiter eine Turnierform nach seinem Geschmack. Die Palette von Turnierarten ist noch lange nicht erschöpft, denn es gibt neben rassegebundenen Turnierformen auch noch weitere reitweisenspezifische und -offene Wettbewerbsarten. Die Wanderreiter haben beispielsweise über den ETCD (Erster Trekkingclub Deutschlands) wettbewerbsmäßiges Wanderreiten mit einem eigenen Regelwerk entwickelt und bieten die Möglichkeit einer Teilnahme an Einstiegsritten bis hin zu Meisterschaftsturnieren.

Beachte:

Freizeitreiterturniere sind ein hervorragender Einstieg ins Turnierreiten, zumal man in zwangloser Atmosphäre viele Erfahrungen zum Ablauf und Reiten unter Prüfungsbedingungen sammeln kann.

Einen weiteren Zweig stellen die Distanzreiter dar, die sich im VDD (Verein deutscher Distanzreiter und -fahrer e.V.) zusammengeschlossen und ein eigenes Regelwerk für die Durchführung von Wettbewerben erarbeitet haben. Dieses Regelwerk wird auch von der Deutschen Reiterlichen Vereinigung (FN) anerkannt.

Nicht vergessen werden soll der Fahrsport, der sich ebenso einer großen Beliebtheit erfreut. Die Fahrer stehen häufig im Schatten der Reiter, obwohl deren Disziplinen mindestens ebenso großes Geschick erfordern und den Zuschauern Spannung bieten.

Auch der Fahrsport hat seine besonderen Reize auf Turnieren.

Motivation

Die Beweggründe der Reiter, an Turnieren teilzunehmen, sind unterschiedlich. Turniere haben aber immer den Reiz der Spannung, so dass sie für Reiter und Zuschauer gleichermaßen attraktiv sind. Ganz gewiss besteht beim Reiter aber die Motivation, auf einem Turnier gut abzuschneiden, im Idealfall natürlich als Sieger vom Platz zu gehen, auch wenn dies von vielen – insbesondere Freizeitreitern – oftmals bestritten wird. Die vorgegebene Einstellung, man reite nur zum Spaß, resultiert oft aus der Erkenntnis, dass man sich seiner geringen Siegchancen bewusst ist.

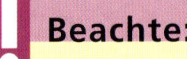

Beachte:

Die Motivation, Turniere zu reiten, ist bei jedem Reiter unterschiedlich. Hüten Sie sich aber vor falschem Ehrgeiz!

Treffen mit Gleichgesinnten

Auf einem Turnier werden Sie stets Gleichgesinnte antreffen, mit denen Sie fachsimpeln und sich über Ihr gemeinsames Hobby unterhalten können. Dies allein ist oft schon die Motivation, Turniere – ob als Reiter oder als Zuschauer – zu besuchen. Wenn Sie an Turnieren teilnehmen, können Sie sich auch den einen oder anderen Ausbildungstipp von erfahrenen Reitern holen. Je nach Turnierart und Disziplin ist Ihnen auch der Richter behilflich, wenn es darum geht, Ihre reiterlichen Fähigkeiten zu verbessern. Turnierreiten spiegelt immer auch den jeweiligen Ausbildungsstand von Pferd und Reiter wider. Ausbildungsdefizite zu erkennen und daran zu arbeiten sind für weitere Erfolge unverzichtbar.

Auf dem Turnier können Sie Gleichgesinnte treffen, mit denen es sich gut fachsimpeln lässt.

Natürlich müssen Sie nicht gleich auf einem Turnier starten, um sich mit Gleichgesinnten zu unterhalten, der Kontakt lässt sich aber besser aufbauen, wenn Sie mit Ihrem Pferd direkt ins Turniergeschehen eingreifen. Haben Sie deshalb Mut, den ersten Turnierstart anzugehen!

Erfolg

Schwierig wird es, wenn der gewünschte Erfolg allein im Vordergrund als Motivation steht, Turniere zu reiten. Seien Sie ehrgeizig, immer besser zu werden, hüten Sie sich aber vor falschem Ehrgeiz, der letztendlich das Pferd überfordert und Sie zu einem unfairen Partner werden lässt. Es ist legitim, als Motivationsgrund den Erfolg auf Turnieren anzugeben, allerdings muss man auch bereit sein, diesen Erfolg mit fairen Mitteln erkämpfen zu wollen. Dies schließt Überforderung des Pferdes, Doping und rücksichtsloses sowie unfaires Benehmen sowohl dem Pferd als auch den Mitkonkurrenten gegenüber aus. Es erfordert ein gehöriges Maß an Selbstbeherrschung, nicht das Letzte aus einem Pferd herausholen zu wollen, wenn man den Sieg quasi vor Augen hat.

Turniere haben so gesehen auch einen erzieherischen Wert (insbesondere für Jugendliche), denn jeder wird auch lernen müssen zu verlieren.

Bemühen Sie sich um gute Ergebnisse, hüten Sie sich aber vor falschem Ehrgeiz, der zu großen Druck auf Ihr Pferd ausüben würde.

> **!** **Wichtig:**
> Turniere haben mitunter eine erzieherische Bedeutung für den Reiter, weil er lernen muss, fair zu sein und mit Niederlagen umzugehen.

Turnierbestimmungen

Mit der Abgabe der Nennung akzeptiert man die Bedingungen der Ausschreibung. Turniere ohne bestimmte Regelungen sind nicht fair durchführbar. Auch wenn Ihnen die eine oder andere Regelung nicht gefällt, müssen Sie sich damit abfinden, weil ohne sie keine Chancengleichheit gewahrt wäre. Gegebenenfalls wird Sie der Richter disqualifizieren, wenn Sie sich an bestimmte Regeln nicht halten oder eine unerlaubte Ausrüstung verwenden.

Erscheinen Sie zur Prüfung mit korrekter Kleidung und Ausrüstung, um eine unnötige Disqualifikation zu vermeiden.

Das Regelbuch

Im für die jeweilige Turnierart gültigen Regelbuch steht alles, was für einen fairen Wettkampf notwendig ist. Jeder Reiter muss sich an das jeweilige Regelwerk halten. In der Ausschreibung muss angegeben sein, nach welchem Regelbuch geritten wird. Das ist auf Dressur- und Springturnieren stets die LPO (Leistungsprüfungsordnung), die man sich im Buchhandel oder bei der FN besorgen kann. Das Regelbuch der Westernreiter wird von der FN anerkannt. Das EWU-Regelbuch (EWU = Erste Westernreiter Union Deutschland) ist deshalb auch Bestandteil der LPO. Das EWU-Regelbuch der Westernreiter ist über das EWU-Turnierservicebüro zu beziehen. Verschiedene Vereine und Verbände der Westernreiter haben möglicherweise ein eigenes Regelbuch, das zwar meist dem der EWU ähnlich ist, aber dennoch Unterschiede aufzeigen kann.

Auch die Distanzreiter und die Islandpferdereiter bedienen sich aufgrund der speziellen Anforderungen bei den Wettbewerben ihrer eigenen Regelbücher, die von der FN ebenfalls anerkannt werden. Bei allen Freizeitreitturnieren sollten ebenfalls die LPO und/oder das EWU-Regelbuch die Grundlage

sein. In diesen beiden Regelbüchern sind auch Reglements für Freizeitreitturniere schriftlich verankert.

Einstufung in Leistungsklassen

Damit sich Neulinge nicht mit »alten Hasen« und Freizeitreiter nicht mit Profis
messen müssen, gibt es so genannte Leistungsklassen, in die die Reiter einge-
stuft werden.

Turnieranfänger starten bei Englischturnieren in Prüfungen der Kategorie C. In
dieser Turnierkategorie werden Einsteigerdisziplinen ausgeschrieben wie Dres-
suraufgaben und Hindernisparcours der Klasse E. Aber auch alle anderen Prüfungen wie Führzügelklassen, einfache Reiterwettbewerbe und jede Art von
Reiterspielen gehören in diese Kategorie. In der Kategorie C dürfen Reiter mit
einem Reitausweis der Leistungsklasse 6 starten und alle Reiter, die noch keinen Reitausweis haben.

Für alle anderen Kategorien benötigt der Reiter eine höhere Leistungklasse (die
nächste Stufe wäre Leistungsklasse 5),
die er durch entsprechende Prüfungen
erwerben kann.

Einen Reitausweis der Leistungsklasse 6 kann derjenige bei der FN beantragen, der den Basispass Pferdekunde
und das Kleine Reitabzeichen (Klasse
IV) bestanden hat. Mit dem Reitausweis
der Leistungsklasse 6 kann man bei allen Prüfungen der Kategorie C sowie bei
Prüfungen der Klasse A in Kategorie B
starten.

Turnieranfänger
starten auf Turnie-
ren der Katego-
rie C, wie hier bei
einem einfachen
Reiterwettbewerb.

! Achtung:

Informieren Sie sich intensiv über die geltenden Regeln, um Ihnen eine Disqualifikation aufgrund eines Regelverstoßes zu ersparen.

Durch Turniererfolge und diverse Abzeichenprüfungen gelangt man in höhere Leistungsklassen. Diese Einteilung gewährleistet, dass man sich immer mit möglichst gleichwertigen Reitern messen kann.

Auch im Westernbereich gibt es Leistungsklassen. Hierbei ist aber wiederum darauf zu achten, dass manche Verbände oder Vereine nach ihren Regelbüchern eine andere Einteilung praktizieren. Nach dem EWU-Regelbuch gibt es die Leistungklassen Freizeitreiter, Einsteiger, Amateure LK 2 (Leistungsklasse 2), Amateure LK 1 und Open (offene Klassen, in denen unter anderem professionelle Reiter starten). Außerdem gibt es noch Jugendklassen, die ebenfalls in Leistungsklasse 1 und 2 aufgeteilt sind.

Von der Leistungsklasse 2 steigt der Reiter in die Leistungsklasse 1 auf, wenn er sich im Laufe einer Turniersaison eine gewisse Anzahl von Punkten erritten hat. Genauso steigt man bei einer Mindestpunktzahl von 60 (innerhalb der letzten zwei Jahre) in die Einsteigerklasse im nächsten Jahr automatisch in die Amateurklasse LK 2 auf.

In der Juniorenklasse dürfen Reiter bis 18 Jahre an den Start gehen.

Als Freizeitreiter sind im EWU-Regelbuch diejenigen Reiter deklariert, die in den vergangenen zwei Jahren noch keine drei Platzierungen auf EWU-Turnieren errungen haben. Freizeitreiter dürfen auch noch nicht in der Jugend-, Amateur- oder offenen Klasse gestartet sein.

Die Altersklassen

Neben den Leistungsklassen gibt es noch eine Einstufung der Turnierreiter nach Alter. Auf konventionellen Turnieren gibt es die Juniorenklasse (JUN), bei der Kinder und Jugendliche bis 18 Jahre an den Start gehen können. Die nächste Altersstufe ist die Gruppe »Junge Reiter« (JR) im Alter von 19 bis 21 Jahren. Danach folgen die Reiter (REI) von 22 bis 39 Jahren, die den größten Anteil der Turnierteilnehmer ausmachen. Ab 40 Jahre gehört man zu den Senioren.

Auch bei Westernturnieren erfolgt nach dem EWU-Regelbuch eine Eingruppierung in Altersstufen. Bis 18 Jahre kann man in der Jugendklasse starten, ab 18 erfolgt die Einstufung in die Erwachsenenklasse Einsteiger, Amateur beziehungsweise Open.

Für Wettbewerbe der Kategorie C benötigt man keinen Reitausweis.

Weitere Anforderungen

Außer Reiter, die in Freizeitreiterklassen starten wollen, müssen alle Turnierteilnehmer Mitglied eines der FN angeschlossenen Reitvereins sein.

Nur Vereinsmitglieder können einen Reitausweis beantragen, den sie für den Start auf Turnieren der Kategorie B und höher benötigen. Wer an Turnieren der Kategorie C teilnehmen möchte, muss den Reitausweis noch nicht beantragen. Allerdings wird – außer bei verschiedenen breitensportlichen Wettbewerben – eine Vereinsmitgliedschaft vorausgesetzt.

! Beachte:

Reiter, die in mehreren Vereinen Mitglied sind, müssen sich für einen Verein entscheiden, für den er auf dem Turnier an den Start geht. In diesem Verein ist der Reiter dann Stamm-Mitglied.

21

In Turnieren der unteren Kategorie ist ein gut ausgebildetes Pferd vollkommen ausreichend. Die Rasse spielt hierbei keine Rolle.

Für eine Teilnahme an Turnieren der EWU ist ebenfalls die Mitgliedschaft in der EWU Voraussetzung. Befreit von der Mitgliedschaft sind auch hier die Starter in den Freizeitreiterdisziplinen.

Mit welchem Pferd?

Wer sich auf das erste Turnier wagt, sollte selbstverständlich entsprechend sattelfest sein. In der Regel haben Sie bei einem Reitverein viele Übungsstunden auf einem Schulpferd verbracht, mit dem Sie möglicherweise dann auch auf Ihrem ersten Turnier starten. Vielleicht besitzen Sie schon ein eigenes Pferd, mit dem Sie nun gerne Ihr erstes Turnier bewältigen wollen. Wie Ihre persönliche Situation auch ist, gerade für die ersten Turnierstarts benötigen Sie sicherlich keinen »Turniercrack«, denn die Wertigkeit bei den Prüfungen der unteren Kategorien wird stärker auf die Einwirkung und den Sitz des Reiters gelegt als auf das Gangvermögen und die Ausstrahlung des Pferdes. Was nützt Ihnen das beste Turnierpferd, wenn Sie es nicht sauber vorstellen können? Das Pferd ist immer nur so gut wie der Reiter auf seinem Rücken. Rittigkeit und ein vorteilhaftes Interieur – insbesondere Nervenstärke und Willigkeit – sind die wichtigsten Voraussetzungen für ein gutes Turnierpferd. Mit einem solchen Pferd sind Sie über Jahre hinweg gut beritten. Erst in den höheren Klassen werden Sie bei der Auswahl des Pferdes weitere Kriterien wie Gang- beziehungsweise Springvermögen, Athletik und ein entsprechendes Talent für die jeweilige Disziplin einbeziehen.

Achten Sie darauf, dass Sie Ihr Pferd nur in Prüfungen nennen, in denen es aufgrund seines Alters an den Start gehen darf. In Kategorie C sind in der Regel vierjährige und ältere Pferde zugelassen. Auf Westernturnieren ist das Alter auch an die jeweilige Prüfungsart gekoppelt. Drei- und Vierjährige können bei Jungpferdeprüfungen an den Start gehen. Drei- bis Fünfjährige werden in Juniorklassen geritten, ab sechs Jahren spricht man vom Seniorpferd, das dann in Seniorklassen starten darf. In »All-Ages-Klassen«, die meist ausgeschrieben sind, starten vierjährige und ältere Pferde.

Achten Sie darauf, dass die zu verwendende Zäumung an das Alter des Pferdes und an die Disziplin gebunden ist (Jungpferdeprüfungen nur Snaffle bit oder Hackamore, Juniorpferde auf Snaffle bit, Bosal Hackamore oder Bit, Seniorpferde nur auf Bit). Allerdings ist diese Regelung in den Klassen Freizeitreiter, Einsteiger, Jugend LK 2 und Amateur LK 2 aufgehoben.

Beachten Sie auch, dass Ihr Pferd beim Start auf Westernturnieren bei der EWU registriert sein muss. Registrationsanträge erhalten Sie direkt auf dem Turnier oder über das EWU-Servicebüro.

Beachte:

Falls Sie Probleme haben, sich im Wirrwarr der Vorschriften zurechtzufinden, fragen Sie einen erfahrenen Turnierreiter – oder noch besser einen Richter – um Rat.

Seniorpferde müssen auf Westernturnieren in höheren Klassen einhändig auf Bit geritten werden.

Welche Voraussetzungen braucht mein Pferd?

Ein Turnierpferd muss den jeweiligen Prüfungsanforderungen gewachsen sein. Es bedarf einer entsprechenden Ausbildung und eines fundierten Trainings. Man tut weder sich selbst, noch seinem Pferd einen Gefallen, in einer Prüfung zu starten, die Aufgaben beinhalten, die das Pferd nicht bewältigen kann.

Haltung und Fütterung des Turnierpferdes

Eine artgerechte Haltung sorgt für ein ausgeglichenes Gemüt des Pferdes.

Für ein ausgeglichenes Gemüt hat die Haltung des Pferdes entscheidenden Einfluss. Das Verwahren des Tieres in einer engen Box und nur das Herausholen zum Reiten bietet einen einzigen Vorteil: die schnelle Verfügbarkeit des Pferdes. Dieser Vorteil kommt aber nur dem Reiter und nicht dem Pferd zugute. Die Bewegungseinschränkung, die ein Pferd in Boxenhaltung erfährt, kann zu Durchblutungsstörungen und angelaufenen Beinen führen, aber auch zu verminderter Leistungsfähigkeit der Sehnen, Muskeln, Knochen und Gelenke.

In Auslaufhaltung ist das Bewegungspotenzial deutlich höher, wodurch der Knochen-, Sehnen- und Bandapparat, aber auch die Lunge trainiert werden. Manche Reiter befürchten eine deutlich höhere Verletzungsgefahr bei der Auslaufhaltung. Dies ist nur dann der Fall, wenn das Pferd nicht daran gewöhnt ist, also ein diesbezügliches Trainingsdefizit aufweist

und/oder der Boden beziehungsweise die Einzäunung des Auslaufs verletzungsträchtig ist. Die Gruppenhaltung kann bei ungünstiger Zusammenstellung der Pferde Verletzungsgefahren bergen. Doch in der Regel sind Verletzungen durch Rangeleien untereinander sehr selten, so dass eine Einzelhaltung die Vorteile der Gruppenhaltung mit Sozialkontakt und ausgeglichem Gemütszustand nicht aufwiegt. Je natürlicher die Haltung, desto besser ist das Wohlbefinden des Pferdes. So manchen Nachteil wie langes Winterfell oder die Notwendigkeit einer längeren Putzzeit, um das Pferd nach dem wohligen Wälzen im Schlamm wieder sauber zu bekommen, kann ein wahrer Pferdefreund bei der Vielzahl von Vorteilen durchaus akzeptieren.

Das Turnierpferd muss – je nach Disziplin und Einsatz – entsprechende Leistungen vollbringen. Dies erfordert eine leistungsgerechte Fütterung. Dabei ist darauf zu achten, dass die Energiezufuhr dem Leistungsanspruch gerecht wird, aber auch dass die für den Knochenaufbau notwendigen Mineralien, Vitamine und Spurenelemente nicht fehlen. Eine genügende

Gruppenauslaufhaltung ist auch für Turnierpferde anzustreben. Um Verletzungen durch Rangeleien zu vermeiden, sollte man jedoch auf eine günstige Gruppenzusammenstellung achten.

Eine genügende Menge an Raufutter muss auch Weidepferden zur Verfügung stehen, um die Tiere fit zu halten.

! Beachte:

Die Haltung und die Fütterung bestimmen das Wohlbefinden des Pferdes, das wiederum die Leistungsfähigkeit auf dem Turnier beeinflusst.

Menge Raufutter muss dem Pferd für eine ausgeglichene Darmflora zur Verfügung stehen. Die Zufütterung von Heu oder Stroh ist also auch im Sommer bei (wohl dosiertem) Weidegang zu empfehlen. Hingegen muss einer Überfütterung sowohl mit Rau-, Saft- als auch mit Kraftfutter vorgebeugt werden. Insbesondere sollten Sie bei allen Arten von Futtermitteln stets auf eine gute Qualität achten.

Teure Zusatzfuttermittel sind bei guter Fütterung normalerweise nicht notwendig, doch man kann beispielsweise ein glänzendes Fell durch den Zusatz von Ölen oder Leinsamen unterstützen.

Zur medizinischen Versorgung eines Pferdes gehören regelmäßige Wurmkuren und Impfungen.

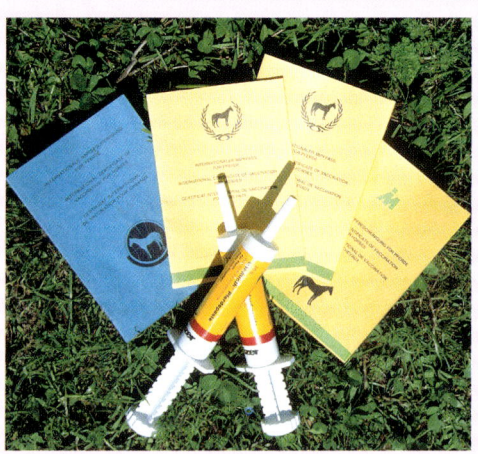

Ist mein Pferd fit und gesund?

Gesundheit und Fitness sind nicht nur das Ergebnis einer guten Haltung und Fütterung, sondern auch der Lohn für ein wohl dosiertes Training und einen fairen Umgang mit dem Pferd. Natürlich gehört zur artgerechten Haltung auch eine ausreichende medizinische Versorgung mit regelmäßigen Wurmkuren und Impfungen, Zahnkontrolle und allgemeiner Überprüfung des Gesundheitszustands. Gesundheitliche Probleme aller Art schließen eine Turnierteilnahme grundsätzlich aus. Dazu gehören aber nicht nur offensichtliche Krankheiten des Pferdes, sondern auch eine eventuell fehlende Fitness.

Wurde Ihr Pferd zum Beispiel wegen Krankheit oder Urlaub ein oder zwei Wochen nicht geritten, ist eine Teilnahme am Turnier aufgrund fehlender Fitness ausgeschlossen. Jeder Wettkampf ist wegen der Umstände wie Transport, Stress durch den Rummel beim Turnier oder Prüfungsstress anstrengend, auch wenn die jeweilige Disziplin keine großen körperlichen Anstrengungen abfordert (Beispiel: Trailparcours auf einem Freizeitreiterwettbewerb).

Reiten Sie Ihr Pferd eine halbe Stunde auf dem Abreiteplatz, um es an die Turnieratmosphäre zu gewöhnen.

> **Wichtig:**
>
> Sie sollten in jedem Fall auf einen Turnierstart verzichten, wenn Sie oder Ihr Pferd nicht fit sind.

Das Nervenkostüm

Aufgrund der Belastungen, die ein Turnier mit sich bringt, müssen Körper und Geist eine entsprechende Fitness an den Tag legen. Das heißt, das Pferd sollte nicht nur körperlich, sondern auch geistig auf ein Turnier vorbereitet werden.

Gewöhnen Sie Ihr Pferd langsam an den Stress und den Trubel auf Turnieren. Reiten Sie deshalb zunächst nur eine Prüfung oder verbringen Sie nur eine halbe Stunde auf dem Abreiteplatz, ohne bei einer Prüfung zu starten. Wenn Ihr Pferd ruhig genug ist und den Trubel durch Zuschauer und Musik ohne weiteres akzeptiert, können Sie die Teilnahme an einer Prüfung planen.

Manche Pferde gewöhnen sich nie an die Turnieratmosphäre. Ihr Nervenkostüm ist dann von Natur aus zu schwach, um ein gutes Turnierpferd zu werden. Der Grund für schwache Nerven kann aber auch eine Überforderung durch un-

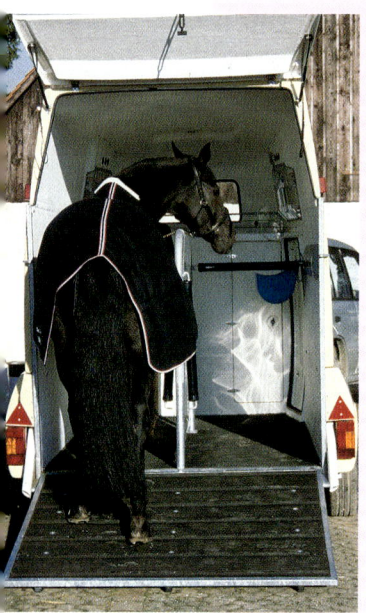

genügende Turniervorbereitung oder unfaire Behandlung sein. Ein verdorbenes Pferd fasst nur selten wieder volles Zutrauen in alles, was um es herum geschieht, so dass man auch zukünftig mit »Aussetzern« rechnen muss, insbesondere in Stress-Situationen, welche Turniere nun mal darstellen.

Verladesicherheit

Um beste Voraussetzungen für einen erfolgreichen Turnierstart zu schaffen, ist die Minimierung von Stressfaktoren ein wichtiges Ziel. Hierzu kann man durch fairen Umgang und vernünftiges Training zu Hause am besten beitragen. Sogar das Verladen und Transportieren stellt eine nicht unerhebliche Belastung dar, auch wenn die Pferde in aller Ruhe in den Hänger steigen. Doch je gelassener die Pferde das Verladen und Transportieren hinnehmen, desto geringer ist der Stressfaktor. Deshalb gilt es, das Verladen gut zu üben, damit diese Belastung von vornherein minimiert werden kann. Ein problemloses Verhalten muss schon aus Sicherheitsgründen als Grundvoraussetzung für Turnierpferde gelten.

Üben Sie das Verladen gut, um den Stress am Turniertag zu minimieren.

Wenn das Verladen und Transportieren nicht reibungslos klappen, sollte ein Turnierstart nicht in Erwägung gezogen werden. Üben Sie deshalb häufig das Verladen. Fahren Sie zunächst zu Freunden für einen gemütlichen Ausritt und steigern Sie die Anforderungen auf Ihren Ausflügen langsam, bis Ihr Pferd den Transport und die damit verbundenen Aktivitäten als selbstverständlich betrachtet. Erst dann ist das Pferd auch verladetechnisch fit für ein Turnier.

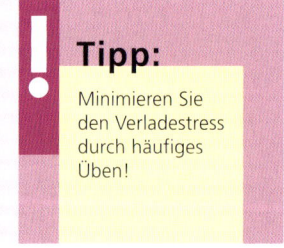

Tipp:

Minimieren Sie den Verladestress durch häufiges Üben!

Das Verhalten anderen Pferden gegenüber

Da Ihr Pferd auf dem Turnier mit fremden Pferden in Kontakt kommt, sollte Ihr Vierbeiner seinen Artgenossen gegenüber ein soziales Verhalten an den Tag legen. (Aggressives) Fehlverhalten entsteht unter anderem durch die Einzelhaltung von Pferden. Aber auch eine ungenügende Kontrolle des Reiters über sein Pferd – unter anderem auch begründet durch mangelnde Erziehung des Pferdes – kann zu Schwierigkeiten mit anderen Teilnehmern und deren Pferden führen.

Ihr Pferd sollte anderen Pferden gegenüber verträglich sein.

Selbstverständlich sind natürliche Rangordnungskämpfe (insbesondere bei Hengsten und ranghohen Pferden) ebenso der Auslöser für ein mögliches ungebührliches Verhalten des Pferdes. Achten Sie deshalb darauf, dass Sie immer genügend Abstand zu fremden Pferden halten und den direkten Körperkontakt meiden. Dies hilft nicht nur Rangeleien und Schlägereien zu verhindern, sondern minimiert auch das Risiko der Übertragung von möglichen Krankheiten wie Virusinfektionen oder Pilze. Man sollte sich nicht darauf verlassen, dass andere Teilnehmer stets mit gesunden Pferden zum Turnier erscheinen. Möglicherweise ist eine beginnende Infektion auch noch gar nicht festzustellen, weil das Pferd gerade in der Inkubationszeit ist. Halten Sie sich immer in genügendem Abstand zu anderen Pferden auf, um gesundheitliche Risiken so weit wie möglich auszuschalten.

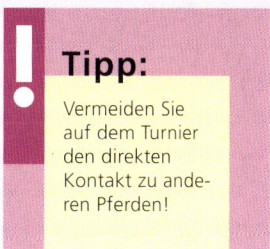

Tipp:

Vermeiden Sie auf dem Turnier den direkten Kontakt zu anderen Pferden!

Das Training von Reiter und Pferd

Jeder Turnierstart muss entsprechend vorbereitet werden. Das Training von Reiter und Pferd entscheidet letztendlich über die Leistungsfähigkeit bei der Prüfung. Je besser beide vorbereitet sind, desto weniger Stress und größere Erfolge werden sich einstellen.

Allgemeine Grundausbildung

Unabhängig von Reitweise und Disziplin ist eine gute Grundausbildung von Reiter und Pferd unerlässlich.

Die Grundgangarten Schritt, Trab und Galopp sollten jeweils taktrein vorgestellt werden. Eine gewisse Losgelassenheit wird von jedem Pferd erwartet, das unter dem Sattel geht. Natürlich soll das Turnierpferd das Gebiss annehmen und aus der Hinterhand heraus arbeiten. Es muss letztendlich gerade gerichtet sein und in höheren Lektionen schließlich versammelt gehen, damit es über den Rücken arbeiten kann, wodurch verschiedene Lektionen erst möglich werden.

Diese Punkte sind für jedes Pferd und in allen Reitweisen gültig. Es handelt sich um die so genannte Ausbildungsskala des Pferdes, nach der sie ihre Grundausbildung durchlaufen. Die Punkte der Ausbildungsskala nochmals im Einzelnen: Takt, Losgelassenheit, Anleh-

Bereiten Sie sich zu Hause möglichst gut auf das Turnier vor.

nung, Schwung, Geraderichten und Versammlung.

Die Punkte der Ausbildungsskala greifen jeweils ineinander und sind nicht exakt voneinander zu trennen. So wird kaum ein Pferd taktrein gehen können, wenn es nicht losgelassen ist. Losgelassenheit hingegen ist auch von taktreinen Gängen abhängig. Für die Versammlung, der letzten Stufe der Ausbildungsskala, sind alle vorherigen Punkte Bedingung.

Die Arbeit an den Basiselementen bestimmt das tägliche Training.

Viele Reiter machen den Fehler, dass sie zu früh mit dem Training von Einzellektionen beginnen und die Grundausbildung vernachlässigen. Versäumte Grundlagen führen in der weiteren Ausbildungsarbeit immer in eine Sackgasse. Über kurz oder lang wird man an die Grenzen des Pferdes stoßen. Der Weg zurück zur Basis ist unvermeidbar, wenn Fehler korrigiert werden müssen. Aber auch das allgemeine Training erfordert immer wieder den Weg zur Basis, sie ist die Grundlage für jedes weiterführende Training.

Scheuen Sie sich deshalb nicht, immer wieder Basisarbeit zu betreiben und belassen Sie es oftmals auch dabei. Eine gute Basis erleichtert jede fortgeschrittene Lektion.

Nun ist es aber nicht nur das Pferd, das trainiert werden muss. Da das Pferd nur jeweils so gut gehen kann, wie der Reiter auf seinem Rücken reitet, ist sein Training ausschlaggebend für den späteren

! Tipp:

Greifen Sie im Training immer wieder auf die Basiselemente zurück, die Ihnen die beste Grundlage für die Lektionen und Manöver bieten, die Sie auf dem Turnier reiten müssen.

Erfolg. Nehmen Sie deshalb regelmäßig Unterricht, damit sich Sitz- und Einwirkungsfehler nicht verfestigen und die Ausbildung behindern. So manchen Sitzfehler können Pferde sehr gut kompensieren, allerdings erschweren Reiterfehler die Arbeit des Pferdes. Somit verhindern Sie durch schlechtes Reiten langfristig Ihren Erfolg.

Üben Sie während einer Trainingseinheit jeweils nur an einem oder höchstens zwei Schwerpunkten wie beispielsweise Seitwärtstreten.

Schwerpunkte setzen

Haben Sie sich eine gute Grundlage erarbeitet, kann das Training zur Vorbereitung auf das Turnier nun mit Schwerpunkten belegt werden. Wollen Sie Springreiten, beginnen Sie mit der Stangenarbeit und arbeiten an Ihrem Springstil.

Der Trailreiter setzt sich mit der Hindernistechnik für die jeweiligen Aufgaben auseinander und befasst sich bereits mit turniertaktischem Reiten. Der Reiningreiter übt langsam korrekte Drehungen und wird sein Pferd durch schwerpunktmäßige Versammlungsarbeit mehr auf die Hinterhand setzen, um die Voraussetzung für bessere Stops zu schaffen.

Trotz dieser Schwerpunkte ist das eigentliche Manövertraining noch Zukunftsmusik. Sie arbeiten nach wie vor an den Voraussetzungen für die jeweiligen Manöver, wenn man so will an der fortgeschrittenen Basis. Arbeiten Sie Schwerpunkte für die jeweiligen Disziplinen heraus, ohne die vielseitige Ausbildung zu vernachlässigen. Sie dient unter anderem der allgemeinen Fitness und der ausgeglichenen Körperbelastung. Dadurch vermeiden Sie Überlastungen. Außerdem tut ein abwechslungsreiches Training sowohl dem Körper als auch der Psyche gut.

! Tipp:

Abwechslung kann darin bestehen, mit einem Westernpferd zu springen oder mit einem Dressurpferd durch einen Bach im Gelände zu reiten.

Spezielle Turniervorbereitung

Eine spezielle Aufgabe funktioniert auf dem Turnier immer nur dann, wenn die Voraussetzungen dafür geschaffen sind. Das bedeutet: Sie können zum Beispiel nur einen fliegenden Galoppwechsel reiten, wenn das Pferd hierfür entsprechend vorbereitet wurde. Dazu gehören zunächst alle Punkte der Ausbildungsskala und somit das sichere Reiten des Links- und Rechtsgalopps. Eine weitere Voraussetzung ist die bedingungslose Schenkelakzeptanz. Das Pferd muss außerdem gut durchgymnastiziert sein, Stellung und Biegung in jede Richtung sind selbstverständliche Ausbildungsfaktoren. Erst dann sind die Voraussetzungen dafür gegeben, einen fehlerfreien Galoppwechsel zu reiten, der tatsächlich dem Training zuzuschreiben und nicht dem Zufall überlassen ist.

Das Pferd hat nur ein bestimmtes Potenzial von Sprüngen, …

… Drehungen oder Stops, bis seine Beine verschlissen sind.

Wenn das Pferd gut vorbereitet ist und die Voraussetzungen für die verschiedenen Manöver erfüllt, kann man das eigentliche Trainieren der Manöver auf ein Minimum beschränken. Dies schont die Beine des Pferdes, die bei jedem Sprung oder Sliding Stop einer enormen Belastung ausgesetzt sind. Ein Pferd

! Tipp:

Lassen Sie Ihr Pferd nicht die Hilfen vorwegnehmen, weil es dadurch zu Fehlern kommt und Sie die Kontrolle über das Pferd verlieren.

hat nur ein bestimmtes Potenzial von Sprüngen, Drehungen oder Stops, da der Bewegungsapparat nicht unbegrenzt belastbar ist. Deshalb sollte man möglichst schonend trainieren.

Es bringt wenig, nur Manövertraining zu absolvieren, also ein Pferd ständig springen zu lassen, damit aus ihm ein gutes Springpferd wird. Genauso wenig ist es ratsam, ein Reiningpferd laufend stoppen zu lassen. Der Stop beziehungsweise der Sprung wird nicht besser, wenn man das schlechte Manöver ständig wiederholt. Es kann nur dann besser funktionieren, wenn die Voraussetzungen für eine gute Ausführung gegeben sind.

Natürlich sollten Sie auf das Manövertraining nicht gänzlich verzichten, weil das Pferd den Bewegungsablauf und die dafür notwendige Koordination lernen muss. Dennoch kann es auf ein Minimum reduziert werden, damit das Pferd lange frisch bleibt.

Kurz vor einer Turnierprüfung verstärken Sie das Manövertraining kurzfristig, um dem Pferd das richtige Feeling für seine Aufgaben auf dem Turnierplatz zu geben. Letztendlich kann – insbesondere zur Sicherheit des Reiters – in Form eines Tests eine ganze Prüfung durchgeritten werden. Sie erkennen dabei die Schwierigkeiten zusammenhängender, unmittelbar aufeinander folgender Manöver, die unter anderem ein schnelles Umdenken erfordern.

Dennoch ist das häufige Reiten einer gesamten Prüfungsaufgabe nur bedingt geeignet, um sich auf eine Prüfung vorzubereiten. Eine große Gefahr dabei ist, dass das Pferd die Manöver den Reiterhilfen vorweg nimmt, da es weiß, welches Manöver als nächstes kommen soll. Dadurch ergeben sich Fehler, die Sie vermeiden, wenn das Pferd die Aufgabe nicht so oft wiederholt hat und den Ablauf nicht auswendig kennt. Dies gilt insbesondere für Dressur- und Reiningprüfungen, bei denen die Prüfungsaufgaben fest vorgegeben sind.

Einschätzung der Leistungsfähigkeit

Das Durchreiten einer Prüfungsaufgabe hilft auch herauszufinden, ob man den Anforderungen auf dem Turnier gewachsen ist. Allerdings kann dies nur einen vagen Hinweis geben, wie die Leistungen zu bewerten sind. Die entsprechende Wertnote oder Platzierung erfahren Sie im Training nicht, es sei denn, Sie haben einen guten Reitlehrer, der die Leistung objektiv beurteilen kann.

Ein erfahrener Trainer oder Reitlehrer ist für das Einschätzen der Leistung unerlässlich. Nur er kann die Sitzfehler sehen und korrigieren sowie falsche oder übertriebene Einwirkungen auf das Pferd bemerken und durch seine Anweisungen abstellen. Die Fehler sind dem Reiter in der Regel nicht bewusst, deshalb ist es ihm nicht möglich, sich selbst zu korrigieren.

Ein Reitlehrer oder ein Trainer ist für das Einschätzen Ihrer Leistung unerlässlich.

! Merke:

Auf das Urteil eines guten Reitlehrers kann man sich stets verlassen.

Folgender Grundsatz gilt: Man ist gut für ein Turnier vorbereitet, wenn man die geforderte Aufgabe zu Hause mehr oder weniger spielend durchreiten kann. Bedenken Sie, dass eine Lektion auf dem Turnier normalerweise schlechter ausfällt als zu Hause, da beim Wettkampf entsprechende Stressfaktoren wie Nervosität sowie andere negative Einflüsse hinzukommen, die das Gelingen beeinträchtigen. Rechnen Sie mit einem zehn- bis dreißigprozentigen Leistungsabfall auf dem Turnier. Dann können Sie die Leistung realistischer einschätzen und die Erwartungen sind nicht zu hoch.

Zu hohe Erwartungen ziehen nur Enttäuschungen und Unzufriedenheit nach sich. Sollten die Leistungen jedoch unerwartet besser ausfallen, weil das Pferd gut mit der Stress-Situation auf dem Turnier fertig wird und Sie es adäquat auf die Prüfung vorbereitet haben, können Sie sich natürlich freuen.

Wenn Sie von Ihrem Turnierstart zu viel erwarten, werden Sie vom Ergebnis eher enttäuscht sein.

Wann ist mein Pferd überfordert?

Eine Überforderung erkennen Sie ganz deutlich am Leistungsabfall. Leider ist es dann meist schon zu spät, denn nicht selten ziehen Überforderungen jeglicher Art dauerhafte Schäden nach sich.

Eine Überforderung kann sowohl körperlich als auch seelisch bedingt sein. Zu früher Verschleiß, der sich im schlimmsten Fall in Lahmheiten äußert – und deshalb auch meist erst dann erkannt wird –, geht auf falsches Training und zu häufigen Einsatz zurück. Jeder Organismus reagiert anders, so dass nicht verallgemeinert werden kann, welche Regenerationserscheinungen auftreten. Häufig sind es unterschiedliche Formen von Arthroseerkrankungen wie beispielsweise Spat oder Schale, aber auch Sehnen- und Muskelverletzungen sowie Rückenprobleme können die Folge von Überforderung sein.

Bei einer seelischen Überforderung sind oft Panikreaktionen zu beobachten. Ein klassischer Fall ist eine gewisse Übernervosität aufgrund eines instabilen

Gönnen Sie einem überforderten Pferd eine längere Turnierpause auf der Weide.

Nervenkostüms. Der übermäßige Stress kann sich steigern, wenn das Pferd in einer Situation überfordert ist.

Eine mentale Überforderung tritt bei so genannten turniersaueren Pferden auf. Diese Pferde wurden in der Regel zu häufig und zu hart eingesetzt. Turniersauere Pferde reagieren mit Nervosität, Leistungsabfall und Ungehorsam. Manchmal nützt eine längere Turnierpause, damit sich solche Pferde wieder erholen können. Normalerweise bringen diese Pferde auch nach einer längeren Pause nicht mehr die ursprüngliche Leistung. Deshalb werden sie häufig verkauft – allzu oft als erfolgreiche Turnier- oder Freizeitpferde.

Wenn Sie Ihr Pferd lange erfolgreich auf Turnieren einsetzen wollen, sollten Sie sich deshalb vor zu frühem, zu hartem und zu häufigem Einsatz hüten. Führen Sie Ihr Pferd langsam an die Anforderungen heran und achten Sie schon auf die kleinsten Anzeichen von Überforderung. Entwickeln Sie deshalb ein Gefühl für das Wohlbefinden Ihres Pferdes.

! Wichtig:

Ihr Pferd bleibt leistungsfähig, wenn Sie es fordern, aber nicht überfordern!

Turnier-vorbereitungen

Es ist soweit, der Entschluss steht fest: Sie wollen an Ihrem ersten Turnier teilnehmen. Ihnen sollte die Ausschreibung des Turniers vorliegen. Daraus erfahren Sie alle wichtigen Daten, die zunächst für die Planung Ihres Starts wichtig sind. In der Ausschreibung stehen der Turnierort, das Datum und die Disziplinen. Wenn sich diese Angaben mit Ihren Vorstellungen decken, können Sie weiter in die Planung einsteigen.

Die Ausschreibungen zu den verschiedenen Turnieren werden in der Regel in Pferdefachzeitschriften veröffentlicht. Wenden Sie sich direkt an den Verband Ihres Bundeslandes, der Ihnen Auskunft darüber erteilt, wo die Ausschreibungen abgedruckt werden. In Bayern beispielsweise erscheinen die Ausschreibungen in der Zeitschrift »Bayerns Pferde, Zucht und Sport«, herausgegeben vom BLV Verlag. Die EWU gibt für die Westernreiter ein eigenes Verbandsorgan heraus, in dem die Ausschreibungen veröffentlicht werden.

Auf Freizeitreitturnieren müssen Sie in der Regel keine Mitgliedschaft in einem Verein nachweisen.

Der Teilnehmerkreis

Anhand der Ausschreibung sehen Sie, ob Sie die Anforderungen für einen Turnierstart erfüllen. Bei Reit- und Springturnieren ist der Teilnehmerkreis normalerweise auf die Stamm-Mitglieder bestimmter Vereine beziehungsweise der aufgeführten Landkreise eingeschränkt. In der Regel sind dies die umliegenden Vereine des Austragungsortes.

Bei Westernturnieren müssen Sie meist Mitglied des ausrichtenden Vereins beziehungsweise Verbands sein. Doch bei Freizeitreitturnieren ist in der Regel keine Mitgliedschaft erforderlich. Die Ausschreibungen von Freizeitreitturnieren sind oft nur direkt über den veranstaltenden Verein erhältlich. Somit ist es vorteilhaft, wenn Sie sich einem Verein anschließen, einem Ortsverein oder einem Verein, der Ihre Reitweise fördert.

Achten Sie bei der Ausschreibung auch darauf, ob Sie altersmäßig zum Teilnehmerkreis gehören und ob Ihre Leistungsklasse angeboten wird.

Die Turniernennung

Überlegen Sie zunächst, bei welchen und in wie vielen Disziplinen Sie starten wollen. Um den Stress zu minimieren, sollten Sie nicht zu viele Prüfungen nennen. Eine oder zwei reichen vollkommen aus.

Lesen Sie sich zunächst die Ausschreibung sorgfältig durch und achten Sie darauf, dass Sie den Nennschluss einhalten. Dieser ist etwa vier Wochen vor Turnierbeginn, also planen Sie rechtzeitig. Obwohl viele Veranstalter Nachnennungen annehmen, ist er dazu nicht verpflichtet. Ihr Turnierstart ist deshalb gefährdet, wenn Sie den Nennschluss nicht einhalten. Außerdem müssen Sie bei der Nachnennung eine höhere Startgebühr bezahlen. Des Weiteren ist es dem Veranstalter gegenüber nicht fair, nachzunennen, da dieser genügend Aufwand mit der Vorbereitung des Turniers hat und rechtzeitig den Zeitplan ausarbeiten muss. Dieser kann bei vielen Nachnennungen nicht mehr eingehalten werden. Sie erleichtern dem Veranstalter die Planung, wenn Sie rechtzeitig nennen. Es liegt außerdem auch in Ihrem Interesse, dass ein Turnier reibungslos abläuft und es nicht

! Tipp:

Überschätzen Sie den Turnierstress nicht und melden Sie lieber eine Prüfung weniger, damit Sie sich und Ihr Pferd nicht überfordern.

Welches Pferd Sie in der Prüfung reiten, müssen Sie erst bei der Meldung angeben.

durch Nach- und Umnennungen zu Zeitverzögerungen und Änderungen des Ablaufs kommt.

Für die Nennung gibt es wiederum bestimmte Vordrucke, die Sie verwenden müssen. Meist liegen sie der Ausschreibung bei beziehungsweise sind in der Verbandszeitschrift abgedruckt. Bei Englischturnieren der Kategorie C gibt es ein spezielles Nennungsformular, in das Sie die Angaben zum Pferd und Reiter eintragen. In den Kästchen der Prüfungsnummern müssen Sie die Anzahl der Starts in der jeweiligen Disziplin angeben (höchstens dreimal). Das ausgefüllte und unterschriebene Nennungsformular schicken Sie mit dem beigefügten Scheck über die Höhe der Startgebühr (Nenngeld inklusive LK-Abgabe, Stallgeld usw.) an den Veranstalter. Etwa eine Woche vor dem Turnier wird Ihnen schließlich der endgültige Zeitplan zugeschickt.

Für einen Start in der Kategorie B und A müssen Sie anstatt eines Nennungsformulars einen Nennscheck ausfüllen. Diese sind bei der FN anzufordern. Auch hier tragen Sie die Anzahl der Starts in die dafür vorgesehenen Kästchen (Disziplinnummern) ein. Auf Ihrem Nennscheck stehen bereits die Angaben zum Reiter, dessen Adresse, Leistungs- und Altersklasse, Stamm-Mitgliedschaft und Ranglistenpunkte. Für das Pferd, mit dem Sie starten wollen, gibt es Aufkleber (bei der FN anfordern), die Sie auf den Nennscheck in das dafür vorgesehene Feld kleben. Sie können bis zu sechs Aufkleber unterbringen. Wollen Sie mehr als sechs Pferde angeben, müssen Sie einen zweiten Nennscheck benützen. Welches der aufgeklebten Pferde in welcher Prüfung startet, müssen Sie erst bei der Meldung bekannt geben.

Für andere Turnierarten (zum Beispiel Western) verwenden Sie ebenfalls jeweils die dafür vorgesehenen Nennungsformulare. Für manche Freizeitreitturniere gibt es möglicherweise keine Nennungsvordrucke. Fragen Sie beim Veranstalter nach, ob Sie »formlos« nennen können beziehungsweise welches Formular Sie verwenden sollen. Lassen Sie sich das jeweilige Formular zuschicken. Achten Sie aber immer darauf, das Nennungsformular vollständig auszufüllen, um dem Veranstalter die Bearbeitung der Nennung zu erleichtern.

> **!** **Wichtig:**
>
> Unterstützen Sie den Veranstalter, indem Sie rechtzeitig nennen und möglichst nachträglich keine Änderungen vornehmen. Dies kommt letztendlich auch Ihnen zugute, da zu viele Änderungen am Ablauf eines Turniers behindern.

Weitere Unterlagen

Etwa eine Woche vor Turnierbeginn erhalten Sie vom Veranstalter eine Nennungsbestätigung mit dem Zeitplan. Nehmen Sie die Nennungsbestätigung und den Zeitplan zum Turnier mit.

Falls Sie schon bei der Nennungsbestätigung falsche Angaben über das Pferd, den Reiter oder die gemeldete Disziplin entdecken, setzen Sie sich sofort mit dem Veranstalter in Verbindung und klären den Fehler ab.

Vergessen Sie nicht, den Equidenpass mitzuführen, wenn Sie mit dem Pferd unterwegs sind. Es ist Pflicht, den Pferdepass bei jedem Transport dabei zu haben. Auf dem Turnier müssen Sie ihn eventuell auch vorweisen, da im Equidenpass die Impfungen des Pferdes eingetragen sind. Bei jedem Turnierpferd muss die Influenza-Grundimmunisierung abgeschlossen sein. Das bedeutet, dass Sie Ihr Pferd mindestens acht Monate vor dem Turnierstart impfen lassen müssen, falls Ihr Pferd noch nicht geimpft ist. Der ersten Impfung folgt nach etwa sechs Wochen eine zweite Nachimpfung und nach weiteren sechs Monaten die dritte.

Erst dann hat Ihr Pferd einen Impfschutz und die Grundimmunisierung ist abgeschlossen. Wurde Ihr Pferd nach der Grundimmunisierung nicht regelmäßig (halbjährlich) geimpft, müssen Sie wiederum grundimmunisieren, um den Impfschutz erneut aufzubauen.

Falls aus dem Equidenpass nicht hervorgeht, dass alle notwendigen Impfungen erfolgt sind (Bestätigung des Tierarztes, dass die Grundimmunisierung abgeschlossen ist), müssen Sie den Impfpass zusätzlich mitführen.

Weitere Impfungen wie Tetanus und Tollwut sind zum Schutz Ihres Pferdes dringend zu empfehlen. Auch wenn Sie nicht in einem Tollwutgebiet wohnen, kann der Turnierort ja davon betroffen sein.

Beim Pferdetransport muss der Equidenpass stets mitgeführt werden.

Die Veranstalter verlangen einen ausreichenden Impfschutz und in der Regel eine Haftpflichtversicherung. Auch wenn Sie keine Turniere reiten, sollten Sie für Ihr Pferd dringend eine Haftpflichtversicherung abschließen. Die Versicherungspolice ist zu Turnieren ebenfalls mitzubringen. Wenn das Pferd als Turnierpferd registriert werden muss (EWU), dürfen Sie außerdem die Registrationsunterlagen nicht vergessen.

Etwa zwei Wochen vor dem Turniertermin sollte das Pferd neu beschlagen werden.

Zu guter Letzt ist es empfehlenswert, auch die Reiter- beziehungsweise Mitgliedsausweise mitzuführen, um alle Unterlagen parat zu haben, wenn man sie benötigt.

Die Vorbereitung des Pferdes

Etwa zwei Wochen vor dem Turnier sollten Sie den Hufbeschlag Ihres Pferdes in Augenschein nehmen. Sind die Eisen schon älter als vier Wochen, sollten Sie

! **Wichtig:**

Wenn Sie Ihr Pferd neu beschlagen müssen, sollten Sie dies etwa zwei Wochen vor dem Turnier ausführen lassen.

umbeschlagen lassen. Sonst riskieren Sie, dass Ihr Pferd kurz vor oder auf dem Turnier ein Eisen verliert und Sie können nicht starten. Auch zum optimalen Vorstellen gehört ein einwandfreier Beschlag.

Wenn Sie Ihr Pferd etwa zwei Wochen vor dem Turnier neu beschlagen lassen, hat es genügend Zeit, sich an die neuen Eisen zu gewöhnen.

Falls Ihr Pferd »barfuß« laufen kann, überprüfen Sie einige Tage vor dem Turnier die Hufe auf ihren Zustand. Trimmen Sie die Hufe am besten mit Hilfe Ihres Hufschmieds, damit es nicht zu Ausbrüchen am Tragrand kommt. Natürlich sollten Sie auch die Hufstellung überprüfen und gegebenenfalls korrigieren lassen.

Gönnen Sie Ihrem Pferd am Tag vor dem Turnier etwas Ruhe und üben Sie keine Lektionen mehr. Zu diesem Zeitpunkt werden Sie keine entscheidende Leistungssteigerung mehr erreichen. Machen Sie lieber einen gemütlichen Ausritt oder schicken Sie Ihr Pferd auf die Weide.

Schimmel und andere helle Pferde müssen vor dem Turnier gründlich mit Wasser und Shampoo (nur bei warmem Wetter) gewaschen werden, damit sie für das Turnier sauber sind.

Am Nachmittag oder am Abend bereiten Sie das Pferd für das Turnier vor. Falls Sie einen Schimmel beziehungsweise ein Pferd mit hellem Fell besitzen, können Sie es mit einem milden Shampoo und einem Wasserschlauch gründlich waschen. Sparen Sie dabei den Kopf aus. Im feuchten Zustand können Sie den Schweif einflechten. So halten Sie ihn beim Transport zum Turnier besser sauber. Schneiden Sie den Schweif auf die richtige Länge (Fesselgelenk). Öffnen Sie den Schweif erst kurz vor der Prüfung und bürsten Sie ihn gut. Durch das Einflechten fällt der Schweif wellig und hat mehr Fülle.

Flechten Sie auch die Mähne nach Ihrem Geschmack und nach den üblichen Gepflogenheiten für die jeweilige Prüfung ein. Wenn Sie die Mähne offen lassen, sollten Sie sie verlesen und gegebenenfalls gerade schneiden.

Rasieren Sie aber keinesfalls die Tasthaare um Maul, Nüstern, Ohren und Augen ab. Das Abrasieren von Tasthaaren ist tierschutzwidrig und deshalb verboten.

Sie können Fell und Langhaar auch mit einem

Selbstverständlich
sollten Sie in der
Prüfung nur mit
einem sauberen
Pferd antreten.

Glanzspray behandeln. Das erleichtert das Durchkämmen und Sie reißen dem Pferd nicht so viele Haare aus. Sparen Sie die Sattellage dabei aus, da mit Show Sheen behandeltes Fell sehr glatt wird und somit der Sattel rutschen könnte.

Statten Sie Ihr Pferd während der Nacht mit einer leichten Decke aus, wenn die Temperaturen nicht zu hoch sind. Damit können Sie Mistflecken im Fell weitestgehend vermeiden, wenn sich das Pferd während der Nacht in seiner Box hinlegt.

Bürsten Sie Ihr Pferd gegebenenfalls am Morgen vor der Abfahrt nochmals und kalkulieren Sie diese Arbeit in Ihre Zeitplanung mit ein.

Es ist obligatorisch, zu einer Prüfung mit einem sauberen Pferd anzutreten. Der erste Eindruck ist auch hier oft entscheidend. Hüten Sie sich aber vor übertriebenem Schönheitswahn. Lackierte Hufe oder geschminkte Pferdegesichter sind weder nötig noch erwünscht.

Die Ausrüstung

Packen Sie möglichst schon am Tag vor Abfahrt zum Turnier die gesamte Ausrüstung. Legen Sie sich Ihre Turnierkleidung zurecht. Auf Englischturnieren der Kategorie C genügt es, wenn Sie mit sauberer und zweckmäßiger Reitkleidung starten. Selbstverständlich gehören dazu saubere Reitstiefel, Reithose und eine Reitkappe mit Drei- oder Vierpunktbefestigung. Ab Kategorie B müssen Sie in »Schwarz-Weiß« antreten. Zur Ausrüstung gehören Reitstiefel und eine helle Reithose (bevorzugt: weiß), ein dunkles (blau, grün, schwarz) Jackett, ein weißes Hemd oder eine Bluse mit Krawatte oder Plastron. Ein Reithelm ist Pflicht für Junioren und bei allen Springprüfungen. Ab Klasse L kann in Dressurprüfungen

ein Zylinder oder eine Melone getragen werden. Auch auf Westernturnieren ist der Reiter einer Kleidervorschrift unterworfen. Sie besteht aus einem Westernhut, einem langärmligen Hemd oder Pullover, einer passenden Hose und Westernstiefeln oder -stiefeletten. Als Reithose sind blaue Jeans unerwünscht, da sie als Arbeitskleidung gelten. Selbstverständlich sollte die Kleidung sauber sein und adrett aussehen. Dem Geschmack des Reiters bleibt viel Spielraum in Bezug auf Farbe und Form seiner Kleidung. Grundsätzlich ist das Tragen eines Reithelms erlaubt beziehungsweise es wird sogar empfohlen. In Freizeitreiterklassen ist es dem Reiter freigestellt, entweder in Reitweise und Ausrüstung

Ab Kategorie B müssen Sie in »Schwarz-Weiß« reiten, ab Klasse L kann bei Dressurprüfungen auch ein Zylinder oder eine Melone getragen werden.

Auch die Westernreiter haben Kleidungsvorschriften, dennoch bleibt viel Freiraum für den persönlichen Geschmack.

Die Kandare ist
nur in höheren
Prüfungen erlaubt.

In der Kategorie C
sind verschiedene
Hilfszügel zuge-
lassen.

nach LPO (englisch) oder EWU (western) zu reiten. Allerdings dürfen die Stile nicht vermischt werden.

Sporen sind erlaubt, jedoch dürfen Westernreiter keine
Englischsporen tragen, sondern immer Sporen mit Räd-
chen oder solche, die in einer Kugelform enden. Eine
Gerte dürfen Englischreiter mitführen (für Dressur bis
zu 120 cm lang, für Springen bis zu 75 cm lang), der Westernreiter nicht.

Wichtig:

Überprüfen Sie Ihre
Ausrüstung und ach-
ten Sie darauf, dass
Sie nicht gegen das
jeweils gültige Regel-
buch verstößt.

Ziehen Sie das Regelbuch zu Rate, um zu wissen, welche Form der Zäumung Sie
verwenden dürfen (siehe auch Kapitel »Mit welchem Pferd?«, S. 22). Auf Englischturnieren sind in allen Prüfungen die Trense mit Reithalfter erlaubt. In
höheren Prüfungen ab Kategorie B kann auch das Reiten auf Kandare (Dressur)
verlangt sein. Im Springen sind ab Kategorie B auch das Pelham und die Spring-
kandare erlaubt. Zum Englischzaum gehört laut LPO ein Reithalfter – entweder
ein englisches, hannoversches, kombiniertes, mexikanisches oder ein Bügelreit-
halfter. Nach LPO muss das Trensengebiss eine Mindestdicke von 14 Millime-
tern aufweisen, bei Ponys zehn Millimeter.

Hilfszügel sind laut LPO in Kategorie C zugelassen. In Dressurreiter-, Führzügel- und einfachen
Reiterwettbewerben sind gleitendes Ringmar-
tingal, Stoßzügel, Laufferzügel, Dreieckszügel
oder einfache Ausbindezügel erlaubt.

Auf Westernturnieren wird die Zäumung anhand des Pferdealters und der Klasse bestimmt.
In Einsteigerdisziplinen ist unabhängig vom
Pferdealter das Snaffle bit (Wassertrense) oder
die Bosal Hackamore vorgeschrieben. Die Min-

destdicke von Westerntrensen ist im EWU-Regelbuch auf 95 Millimeter festgelegt (gemessen etwa 2,5 Zentimeter vom Maulwinkol nach innen).

Bei western gezäumten Pferden ist kein Reithalfter erlaubt, dafür darf der obligatorische Kinnriemen aus Leder oder Nylon nicht fehlen. Der Kinnriemen verbindet die beiden Trensenringe unter dem Kinn miteinander. Er verhindert das Durchziehen des Gebisses durchs Pferdemaul. Der Reiter muss mit Split reins (offene Zügel) reiten, wenn er ein Gebiss verwendet. Nur bei der Zäumung auf Bit (Hebelarmgebiss) kann er auch Romal Reins (geschlossene Zügel mit auslaufendem Peitschenende) verwenden. Die Bosal Hackamore ist grundsätzlich mit einem geschlossenen Zügel (Mecate) ausgestattet.

Reithalfter sind bei western gerittenen Pferden nicht erlaubt.

Selbstverständlich muss ein Sattel der entsprechenden Reitweise gewählt werden. Für Westernturniere gilt: Nur ein Sattel mit Horn ist auch ein Westernsattel. So genannte Wanderreitsättel (auch Westernsättel ohne Horn) und dergleichen sind nicht erlaubt. Sie dürfen aber in Freizeitreiterklassen verwendet werden.

Lesen Sie im jeweiligen Regelbuch nach, ob diverse Zusatzausrüstungen wie Gamaschen, Sporen, Gerte usw. für die jeweilige Reitweise und Disziplin erlaubt sind, da es hierfür sehr differenzierte Regeln gibt. Gamaschen dürfen beispielsweise in Traildisziplinen nicht verwendet werden, in den Prüfungen Reining, Jungpferdeprüfungen, Super Horse und in den Englischreitklassen Dressur und Springen jedoch schon.

In Trailprüfungen sind keine Gamaschen erlaubt, in Reiningprüfungen hingegen schon.

Die Checkliste

Machen Sie sich Ihre persönliche Checkliste für das Turnier, damit Sie nichts vergessen und haken Sie beim Einpacken die jeweiligen Gegenstände ab. Das erspart Ihnen viel Stress vor dem Turnier und garantiert, dass Sie nichts vergessen.

Gegenstand	Details	Einge-packt:
Für das Pferd: Zaumzeug	Kopfgestell, Zügel, Reithalfter, Gebiss (inkl. Ersatzgebiss)	
Sattel	Komplett mit Sattelgurt	
Sattelunterlage	Decke, Pad, Showpad (doppelt zum Wechseln)	
Ggf.Vorderzeug		
Ggf. Hilfszügel	Ausbinder, Martingal	
Schweifschoner	Für den Transport	
Putzbox	Hufkratzer, Kardätsche, Striegel, Schwämme, Mähnengummis, Shampoo, Schweißmesser, Staubtuch, Mähnenkamm, Show Sheen (Glanzspray), Fliegenmittel	

Gegenstand	Details	Einge-packt:
Gamaschen, Bandagen	Zum Reiten und für den Transport	
Erste-Hilfe-Ausrüstung	Desinfektionsspray, Verbandsmaterial, Schere, Klebeband	
Eimer	Zwei Eimer zum Tränken und Waschen	
Decken	Abschwitzdecke, Transportdecke, Fliegendecke	
Halfter und Führstrick	Zum Transport und Anbinden, ggf. Showhalfter bei Führklassen	
Ersatzhufeisen	Vom Schmied angepasst sowie Hufnägel, Zange, Raspel, Hammer	
Startnummer	Bei Englischturnieren ist eine eigene Startnummer mitzubringen, bei Westernturnieren wird sie vom Veranstalter bereitgestellt.	
Für den Reiter: Turnierkleidung	Je nach Reitweise: Jackett, Hose, Stiefel, Bluse, Handschuhe, Hut/Helm/Kappe	
Jacke	Regenjacke	

Gegenstand	Details	Einge-packt:
Kleidung zum Wechseln	Ersatzturnierkleidung sowie »normale« Kleidung für die Zeit vor und nach der Prüfung	
Sporen, Gerte	Auf die richtige Länge der Gerte achten (Dressur bis 120 cm, Springen bis 75 cm)	
Unterlagen: Mappe mit den notwendigen Unterlagen	Equidenpass, Impfpass, Versicherungspolice, Reitausweis, Mitgliedsausweis, Nennungsbestätigung, Registrationsnachweis, Regelbuch, Telefonnummer der Meldestelle (Ausschreibung)	
Sonstiges: E-Zaun-Material	Pfosten, Litze, Batterie zum Aufbau eines Paddock	
Futter	Kraftfutter, Heu bei längerem Turnieraufenthalt	
Kühlgel	Zum Kühlen der Beine	
Arzneimittel	Notwendige Medikamente	
Longe	Eventuell als Verladehilfsmittel und zum Longieren (Aufwärmen)	

Die Fahrtroute

Informieren Sie sich frühzeitig, wo das Turnier stattfindet und wie Sie am besten zum Turnierplatz kommen. Ist der Weg ausgeschildert? Legen Sie den Großteil der Fahrtstrecke auf der Autobahn zurück oder müssen Sie kurvige Landstraßen fahren? Diese Fragen müssen Sie klären, um die Fahrtzeit zu kalkulieren.

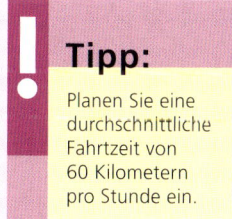

Tipp:

Planen Sie eine durchschnittliche Fahrtzeit von 60 Kilometern pro Stunde ein.

Schneller als 60 Kilometer pro Stunde werden Sie mit einem Pferdetransporter nicht sein, wenn Sie vernünftig fahren. Müssen Sie durch viele Ortschaften und überwiegend kurvige Straßen fahren, sollten Sie den Stundenschnitt auf 50 Kilometer pro Stunde senken.

Planen Sie auf längeren Fahrtstrecken auch Pausen mit ein und denken Sie an ein Zeitpolster für unvorhergesehene Fälle, die Ihnen Zeit kosten (Tanken, Verladeproblem, technische Probleme oder Pannen).

Kalkulieren Sie die Zeit ein, die Sie für die Vorbereitungen zum Turnierstart benötigen.

Der Zeitplan

Planen Sie die Ankunft auf dem Turnier mindestens zwei Stunden vor Prüfungsbeginn ein. Bis Sie sich und Ihr Pferd auf den Start vorbereitet haben (Anmeldung bei der Meldestelle, Zeitplan begutachten, Warmreiten etc.), vergeht mehr Zeit, als man zunächst denkt. Bedenken Sie auch, dass sich der Prüfungsbeginn verschieben kann. Auf Englischturnieren kann der Prüfungsbeginn eine halbe Stunde vorverlegt werden. Erkundigen Sie sich also rechtzeitig, wie der Ablauf ge-

plant ist. Achten Sie auch darauf, wo die jeweilige Prüfung stattfindet, denn manchmal wird auf mehreren Plätzen gleichzeitig geritten.

Auf der Anschlagtafel können Sie die Reihenfolge der Starts ersehen. Vergewissern Sie sich, ob Pferde und Reiter, die vor Ihnen starten sollen, bereits da sind. Bei einem Ausfall müssen Sie früher starten – seien Sie darauf gefasst und bereiten Sie sich frühzeitig vor.

Während der Parcoursbegehung sollte ein Helfer zur Verfügung stehen, der in der Zwischenzeit das Pferd hält.

Das Helferteam

Es ist praktisch, auf dem Turnier einige Helfer zu haben. Während Sie sich auf die Vorbereitung des Pferdes konzentrieren, kann ein Helfer darauf achten, wie weit die Prüfung fortgeschritten ist. Dadurch verpassen Sie nicht den Start. Ein Helfer kann außerdem Staubkörnchen von den Stiefeln wischen, letzte Putzarbeiten am Pferd ausführen oder während der Parcoursbegehung das Pferd halten.

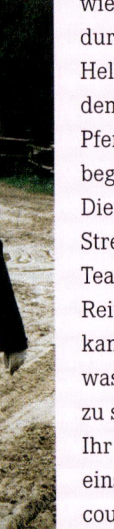

Die Helfer ersparen Ihnen viel Mühe und Stress, vorausgesetzt Sie können sich auf Ihr Team verlassen. Noch besser ist es, wenn Ihr Reitlehrer oder Trainer anwesend ist. Er kann Sie zum Beispiel psychisch betreuen, was Sie sicherlich bei Ihren ersten Turnieren zu schätzen wissen.

Ihr Trainer kann Sie auch auf die Aufgaben einstimmen, auf Schwierigkeiten im Parcours hinweisen und Ihnen zahlreiche Tipps mit auf den Weg geben.

Auf dem Turnier

Wenn Sie auf dem Turnierplatz angekommen sind, orientieren Sie sich zunächst, bevor Sie Ihr Pferd ausladen. Im Transporter ist Ihr Pferd gut aufgehoben und Sie können sich informieren, wo die Meldestelle ist, wo Sie parken können, auf welchem Platz die Prüfung stattfindet, wo Sie abreiten können und wann Sie starten werden.

Holen Sie zuerst Ihre Startnummer bei der Meldestelle ab. Dort erfahren Sie auch gegebenenfalls Zeitplanverschiebungen oder anderweitige wichtige Informationen zum Ablauf.

> **Tipp:**
>
> Orientieren Sie sich zunächst nach Ankunft auf dem Turnier, bevor Sie in aller Ruhe Ihr Pferd ausladen und sich auf die Prüfung vorbereiten.

Nachnennung oder Umbenennung

Sollten Sie nicht mit dem Pferd starten können, das Sie ursprünglich gemeldet haben oder wollen Sie eine andere Prüfung reiten, als Sie genannt haben, müssen Sie die Änderungen so früh wie möglich an der Meldestelle abklären. Sie erfahren, ob – und wenn ja zu welchen Konditionen – Sie nachnennen können, wenn Sie noch bei einer weiteren Prüfung starten wollen.

Auf Dressur- und Springturnieren nach LPO müssen Sie einen gültigen Pferdeaufkleber abgeben, den Pferdepass vorlegen und eine Gebühr bezahlen, wenn Sie ein Pferd nachtragen wollen.

> **Achtung!**
>
> Zu viele Nachnennungen lassen keine vernünftige Zeitplanung zu, deshalb sollten Sie nach Möglichkeit stets rechtzeitig nennen.

Der Turnierveranstalter muss keine Nachnennungen annehmen. Darauf wird er insbesondere verzichten, wenn bereits sehr viele Starts genannt sind und die Veranstaltung daher zu sehr in Zeitverzug gerät. Verlassen Sie sich also nicht darauf, dass Sie nachnennen können.

Das Abreiten

Vor der Prüfung sollten Sie Ihr Pferd ausreichend abreiten. Das bedeutet, dass Sie es körperlich und mental auf die Prüfung vorbereiten.

Diese Vorbereitung beginnt immer mit der Gewöhnung an den Reitplatz und die Atmosphäre, indem Sie Ihr Pferd zunächst im Schritt am hingegebenen Zügel um den Platz reiten. Nun reiten Sie Ihr Pferd zehn Minuten im Schritt. Jetzt traben Sie das Pferd etwa fünf Minuten (leichttraben) und schließen eine Galoppsequenz an, bis das Pferd losgelassen ist. Reiten Sie dabei große Bögen und Wendungen.

Testen Sie den Gehorsam Ihres Pferdes, indem Sie es seitwärts- und rückwärtstreten lassen. Einige gymnastizierende Übungen schließen das Aufwärmen ab. Ist Ihr Pferd aufgewärmt, können Sie nun kurz einige Lektionen abfragen. Für eine Springprüfung gehen Sie einige Male über den auf dem Ab-

Beim Abreiten bereitet man das Pferd körperlich und mental auf die Prüfung vor.

reiteplatz bereitgestellten Sprung. Jetzt sind Sie für die Prüfung vorbereitet.

Hüten Sie sich, Lektionen häufiger als dreimal zu üben. Sie erzielen auf dem Abreiteplatz keine Verbesserungen mehr. Vielmehr machen Sie nur Ihr Pferd müde. Die Manöver werden immer schlechter gelingen und die Prüfung fällt schließlich unbefriedigend aus.

Beachte:

Richtiges Abwärmen des Pferdes ist ebenso wichtig wie sorgfältiges Aufwärmen!

Reiten Sie die disziplinspezifischen Manöver nur ein- oder zweimal, damit das Pferd auf die bevorstehenden Aufgaben eingestimmt wird. Lassen Sie Ihr Pferd nochmals fünf Minuten vor dem Start verschnaufen. Bewegen Sie es im Schritt, damit es nicht abkühlt, und reiten Sie dann möglichst ruhig und gelassen in die Prüfung.

Lassen Sie Ihr Pferd nach der Prüfung zum Abwärmen und Entspannen am langen Zügel im Schritt gehen.

Übrigens: Nach der Prüfung sollten Sie Ihr Pferd fachgerecht abwärmen. Reiten Sie es nochmals etwa zehn Minuten im Schritt. Dies beugt Muskelverspannungen vor. Sie können hierzu – je nach Starterfeld und Startplatz – die Zeit bis zur Siegerehrung nutzen. Wenn das Pferd stark geschwitzt hat, bewegen Sie es länger und decken es anschließend mit einer Abschwitzdecke ein.

Mentales Training

Turniererfolge sind nicht nur auf die körperlichen Fähigkeiten von Reiter und Pferd zurückzuführen. Die Psyche spielt dabei eine ganz entscheidende Rolle. Das mentale Training kann helfen, das Optimale aus einem Turnierstart herauszuholen.

In keiner anderen Sportart wird das mentale Training so vernachlässigt wie beim Reiten. Dabei führen schon einfache Übungen zu einem dauerhaften Trainingsfortschritt und lösen spezifische Probleme.

Das mentale Training – die geistige Vorstellung eines perfekt ausgeführten Manövers – suggeriert dem Unterbewusstsein eine reale Übung. Je häufiger man eine Übung korrekt ausführt, desto besser prägt man sich den technischen Ablauf ein, so dass langfristig eine Automation erfolgt. Wenn man zuvor mental trainiert, ist die Wahrscheinlichkeit, eine Aufgabe korrekt auszuführen, deutlich größer als ohne ein mentales Training. Deshalb ist es sinnvoll, sich vor dem Start

Merke:

Die mentale Vorbereitung ist die beste Voraussetzung für ein gutes Gelingen.

noch einmal auf die Prüfung zu konzentrieren und die Aufgabe gedanklich möglichst fehlerfrei durchzureiten. Lassen Sie die Prüfung vor Ihrem geistigen Auge einige Male ablaufen und reiten Sie diese Vorstellung letztendlich in der Prüfung nach.

In der Prüfung

Wenn Sie in den Parcours einreiten, müssen Sie vor Ihrem Start die Richter grüßen. In der Dressurprüfung ist dieses »Ritual« genau vorgeschrieben. Reiten Sie in schnurgerader Linie ein, halten Sie an (das Pferd sollte geschlossen stehen) und grüßen Sie die Richter – am besten mit einem freundlichen Lächeln! Sicherlich fließt es nicht in die Bewertung mit ein, ob Sie nun lächeln oder nicht, aber es macht einen positiven, freundlichen Eindruck. Außerdem löst es etwas Ihre Anspannung.

Auch in Springwettbewerben müssen Sie die Richter vor Ihrem Start grüßen. Reiten Sie hierfür nahe an den Richterwagen heran. Meist wird unmittelbar nach Ihrem Gruß das Startzeichen (Klingeln) gegeben. Nun haben Sie eine Minute Zeit, die Startlinie zu überreiten und den Parcours zu beginnen.

Bei Westernturnieren zeigt Ihnen der Richter durch ein Nicken oder ein Handzeichen, wann Sie beginnen können. Ein freundliches Nicken als Gruß sollte auch von Ihrer Seite aus obligatorisch sein. Sie müssen in jedem Fall warten, bis der Richter den Start freigibt, denn möglicherweise rechnet er noch die Punkte des vorherigen Reiters nach, so dass er Ihrem Ritt keine Aufmerksamkeit schenken kann. Wenn der Richter Sie nicht sieht, weil Sie zu früh losreiten, kann er Sie auch nicht beurteilen.

Achten Sie während der Prüfung auf Ihren Sitz, er soll gerade und aufrecht sein. Sie müssen beim Vorstellen Ihres Pferdes nach außen hin Stolz und Freude ausstrahlen. Wenn Sie unsicher agieren und zusammengekauert im Sattel sitzen, ist der Allgemeineindruck schon negativ. Die Aufgaben, die Sie bei der Prüfung absolvieren, haben Sie zu Hause geübt. Jetzt haben Sie die Möglichkeit, Ihr Können unter Beweis zu stellen. Zeigen Sie das Ergebnis Ihrer Arbeit selbstbewusst.

Beim Grüßen sollte das Pferd ruhig und geschlossen stehen.

Reiten Sie Ihr
Pferd in der Prü-
fung mit Freude
und Stolz!

Konzentrieren Sie sich nur auf Ihre Reitaufgabe. Bauen Sie ein unsichtbares Kommunikationsband zu Ihrem Pferd auf und lassen Sie dies nicht abreißen. Auch das Pferd sollte sich nun auf Sie und Ihre Hilfen konzentrieren. Sie müssen in der Lage sein, alles zu ignorieren was um Sie herum geschieht, dann erreichen Sie ein gutes Ergebnis.

Wahrscheinlich unterlaufen Ihnen trotzdem einige Fehler, an denen Sie aber nicht verzweifeln sollten. Eine gewisse Anspannung vor und während der Prüfung ist normal. Sie sollten sie positiv sehen, denn damit werden Sie die Aufgabe ernst nehmen. Eine übermäßige Nervosität entsteht meist nur dann, wenn die Aufgabe Sie und Ihr Pferd überfordert.

Wichtig:

Wenn Sie denken, dass die Prüfung schief geht, suggerieren Sie sich diese Situation, so dass dieser Fall meist auch eintritt. Deshalb sollten Sie immer positiv denken, denn Erfolg kann nur mit positiven Gedanken begleitet werden, niemals mit negativen.

Die Bewertung der Leistung

Kümmern Sie sich nach der Prüfung zunächst um Ihr Pferd. Wärmen Sie es ab und versorgen Sie es mit Wasser. Spritzen Sie es bei heißen Temperaturen ab oder decken Sie es in der kalten Jahreszeit ein.

Betrachten Sie die Platzierung immer als relative Bewertung. Sie können sehr gut reiten, sind aber dennoch nicht unter den Platzierten. Sie können jedoch auch eine schlechte Vorstellung geben und die Prüfung trotzdem gewinnen. Das Ergebnis hängt jeweils vom Starterfeld ab. Deshalb sollten Sie der Platzierung nicht zu viel Wertigkeit

Die Platzierung ist immer relativ zu betrachten, freuen Sie sich aber über eine gute Leistung, für die Sie nun den Lohn entgegennehmen können.

beimessen. Vielmehr sollten Sie selbst mit Ihrer eigenen Leistung zufrieden sein. Wenn sie dann noch mit einem Pokal oder einer Schleife belohnt wird, umso besser.

Verzagen Sie nicht, wenn Sie sich ungerecht bewertet fühlen. Manchmal hat man ein besseres Gefühl als der Ritt tatsächlich war. Beim nächsten Mal hingegen werden Sie vielleicht besser bewertet, als Sie erwartet haben. Die Sichtweisen können von Richter zu Richter manchmal variieren, aber im Großen und Ganzen bemühen sich alle Richter objektiv zu sein. Vertrauen Sie auf die Beurteilung des Richters, denn sie ist in der Regel korrekt. Die Richter werden laufend geschult und haben durch viele Beurteilungen einen Blick für die Darbietungen der Reiter.

Verbesserungen und Fehlerkorrektur

Eine Verbesserung auf dem nächsten Turnier können Sie nur erzielen, wenn Sie bereit sind, aus Ihren Fehlern zu lernen. Deshalb ist eine Fehleranalyse anzuraten, bei der Sie objektiv Ihren Ritt beurteilen sollten. Hilfreich hierfür ist es, wenn Sie Ihren Ritt von einem Freund per Video aufnehmen lassen und sich die Prüfung zu Hause in aller Ruhe ansehen. Lassen Sie die Aufnahme auch von Ihrem Reitlehrer beurteilen und ergründen Sie gemeinsam die Fehler. Dies versetzt Sie in die Lage, Schwächen beim nächsten Mal zu verbessern.

Das Protokoll der Richter hilft Ihnen außerdem, Ihre Schwächen und Fehler zu erkennen. Gerne werden Ihnen die Richter auch mit Tipps zur Seite stehen, wenn Sie höflich anfragen. In der Regel sind sie gute Reiter und Ausbilder, so dass sie kompetent Rat geben können.

Wenn Sie stets selbstkritisch und bereit sind, aus Ihren Fehlern zu lernen, haben Sie die besten Voraussetzungen für eine erfolgreiche Turnierkarriere.

Auf einen Blick

Turnierarten

Werden Sie sich zunächst darüber klar, welche Turniere Sie reiten wollen. Entscheiden Sie sich für eine Reitweise und möglicherweise auch schon für eine Disziplin, die Ihnen zusagt.

Sie haben die Wahl:

➤ Englischturniere mit Disziplinen wie Dressur, Springen, Gelände-Vielseitigkeit
➤ Westernturniere mit Disziplinen wie Reining, Trail, Horsemanship und Pleasure
➤ Geländereiterwettbewerbe wie Distanzritte und wettbewerbsmäßige Wanderritte (Trekkingritte)
➤ Freizeitreiterwettbewerbe mit Reiterspielen, Geschicklichkeitswettbewerbe, Rennen, Geländewettbewerbe wie Orientierungs- und Bildersuchritte

Die Regeln

Erkundigen Sie sich über die jeweiligen Regeln für die Turnierart und die Disziplinen, in denen Sie starten wollen. Die jeweils gültigen Regelbücher erhalten Sie bei:

➤ FN – Deutsche Reiterliche Vereinigung, Freiherr-von-Langen-Str. 13, 48231 Warendorf, Tel. 0 25 81/6 36 22 30 (LPO – Leistungsprüfungsordnung für Englischturniere und breitensportliche Wettbewerbe)
➤ EWU – Erste Westernreiter Union Deutschlands, EWU-Turnierservicebüro, Thomas Borchert, Dorfstr. 5, 56305 Niederähren, Tel. 0 26 84/97 90 98 (EWU-Regelbuch für EWU-Westernturniere)

> ➤ VDD – Verein deutscher Distanzreiter, Geschäftsstelle, Habichtstr. 77, 45527 Hattingen, Tel. 0 23 24/2 38 41 (VDD-Reglement für Distanzreiter)
> ➤ ETCD – Erster Trekkingclub Deutschlands, Geschäftsstelle, Andrea Marek, Im Seeteich 3, 74423 Obersontheim, Tel. 0 79 73/91 06 20 (TPO – Trekking-prüfungsordnung)
> ➤ IPZV – Islandpferdezuchtverband, Geschäftsstelle, Christian Schützel, Tränkepforte 3, 34117 Kassel, Tel. 05 61/7 39 51 13 (IPO – Islandpferde-prüfungsordnung)

Überprüfen Sie, ob Ihr Pferd für die Prüfung fit ist.

Voraussetzungen

Checkliste: Ist mein Pferd fit für ein Turnier? Wenn Sie alle nachfolgenden Fragen mit Ja beantworten können, steht Ihrem ersten Turnierstart nichts im Weg.

> ➤ Ist mein Pferd gesund?
> ➤ Wurde es regelmäßig entwurmt und geimpft?
> ➤ Ist mein Pferd fit?
> ➤ Ist mein Pferd auf die Prüfung gut vorbereitet?
> ➤ Hat es eine solide Basisausbildung genossen?
> ➤ Ist der Hufbeschlag in Ordnung?
> ➤ Habe ich das jeweils gültige Regelbuch gelesen und mich über die erlaubte Ausrüstung und die Regeln informiert?
> ➤ Habe ich das Turnier früh genug geplant, um den Nennschluss einhalten zu können?
> ➤ Wurde meine Nennung vollständig ausgefüllt und rechtzeitig abgeschickt?

➤ Sind alle notwendigen Ausrüstungsgegenstände – vom Pferdetransporter über die Unterlagen bis zu den Mähnengummis – vorhanden und intakt?

➤ Bin ich dem Turnierstart gegenüber positiv eingestellt – freue ich mich schon darauf?

➤ Habe ich nicht nur mein Pferd, sondern auch mich körperlich und mental auf das Turnier vorbereitet?

Tipps zum Turnierreiten

Gehen Sie immer selbstbewusst in eine Prüfung!

Bereiten Sie sich bestmöglich auf das Turnier vor. Je besser Sie vorbereitet sind, desto weniger Nervosität macht sich breit. Planen Sie stets genügend Zeit ein. Es ist besser, einige Minuten auf den Start zu warten, als in Hektik zu verfallen, um den Start nicht zu verpassen. Es ist nicht möglich, später zu starten, weil die einmal festgelegte Startreihenfolge eingehalten werden muss.

Seien Sie in der Prüfung immer selbstbewusst und verzagen Sie nicht, wenn der eine oder andere Fehler passiert. Denken Sie immer daran, dass Pferde Lebewesen sind, denen genauso Fehler unterlaufen können wie Ihnen. Allerdings sollte Ihnen klar sein, dass die meisten Fehler der Reiter zu verantworten hat und nicht das Pferd!

Gehen Sie selbstkritisch mit Ihrer Leistung um und nehmen Sie Tipps von erfahrenen Reitern an – Sie können nur von ihnen lernen. Üben Sie keine Kritik am Richter, sondern lieber an sich selbst!

Wenn Sie diese Dinge beherzigen, haben Sie bestimmt viel Spaß auf dem Turnier – und mit Sicherheit auch Erfolg!

Die Deutsche Bibliothek –
CIP-Einheitsaufnahme

Ein Titeldatensatz für diese Publikation ist bei Der Deutschen Bibliothek erhältlich.

Bildnachweis
Maximilian Schreiner: S. 10, 18, 27, 33 oben, 55
Alle anderen Fotos im Innenteil: Renate Ettl
Umschlagfotos: Titelfotos: rechts oben: Lothar Lenz
Mitte oben: Hugo Czerny
links oben und unten: Maximilian Schreiner
Rückseite: rechts und Mitte: Hugo Czerny
links: Maximilian Schreiner

Umschlaggestaltung: Studio Schübel, München
Layout: Parzhuber & Partner, München
Redaktion: Manuela Stern
Herstellung: Angelika Tröger
Layoutumsetzung: Uhl + Massopust, Aalen

BLV Verlagsgesellschaft mbH München Wien Zürich
80797 München

© 2002 BLV Verlagsgesellschaft mbH, München

Druck und Bindung: Fotolito Longo, Bozen

Printed in Germany · ISBN 3-405-16265-3